T
U

I
A

PRISCILA KERCHE

TUIA

1ª edição |
São Paulo, 2023

LARANJA ● ORIGINAL

Pela vista do mar, o beija-flor na varanda e a companhia, agradeço à Patrícia, Barbara, Victor, Indira, Juciara, Cecília, Joana, Germana, André e Elis.

para a jovem Priscila

"desaparecer
é uma ferida e
violência no mundo
das coisas aparecidas"

Moisés Alves

***

INCÊNDIO

busco coragem para
dar início ao fogo
que te leve às costas do céu

encontro inundação

***

PESCA

mergulho
sem saber
a imensidão
do verso submerso

o tempo de resposta aos movimentos
lentos
a demora para a intenção
se transmutar em ato

com um cilindro de oxigênio
ouço o silêncio
perco a noção espacial
descubro que não afundo
porque não esvazio os pulmões

> *meu corpo estava cheio de mar*
> *quando entrei no universo*
> *de minha mãe*
> *que era eu*

ÓRFÃ

são fofos os meninos de óculos
obedientes como meninas

minha mãe quis
um filho homem
de preferência, míope

BALÉ (ESCOLIOSE)

no banheiro sobre a cadeira
frente ao espelho
chorava os grampos do coque

a professora quis informar
você impediu a notícia

anos depois
radiografia
contra o vidro
a luz natural revelou
minha coluna inevitável
     curvada para o lado direito
antes de alcançar a bacia
na altura da lombar

GOL 1995

do banco da motorista
alcançava meu tornozelo

os fios grossos do seu cabelo
cheiravam ao estofado
quente do meio-dia

na saída da escola
ao fim da tarde
você dizia
o lusco-fusco é a hora mais bonita

DESPREPARO

tirar a morte das mãos de uma criança
evitar o curso natural da vida
não há mariposas, só borboletas
no jardim de infância

corpo de cartolina cor-de-rosa
enfeitado de lantejoulas e
asas de lenço colorido

VESTÍGIO

nada acusa
sua origem em mim

seios fartos, ventre proeminente

me vi no espelho
num metrô em Berlim
mas reconheço o cheiro
de uma cachoeira

DESCOBERTA

nove de abril de 1998
podaram as TUIAS

você escreveu a palavra em maiúsculas
circulou o nome
dos pinheiros de nosso quintal

pinheiro-de-cemitério
árvore-da-vida
paisagem do sul
no centro-oeste

possui escamas nas folhas

medicinal em casos
que não o seu

pronome possessivo
em outra língua

sua
tuya

DELÍRIO

fomos para Cuba
apoiamos a Revolução
não cortamos cana, sonho adolescente

fizemos tour de bares
bucanero, mojitos, gambas

na casa de um ex-guerrilheiro
você trocou ideia
sobre as plantas do jardim

CONSPIRAÇÃO

cinco e meia da tarde
as mães se encontram
no pátio do colégio
aguardam as filhas num cigarro
da única fumante

o trago de mão em mão
alívio no lusco-fusco
sua hora preferida

NA RIACHUELO DA GETÚLIO

havia sempre balas na bolsa
para súbita falta de glicose

procuro um batom
entre chicletes
babados pelo tempo

cores sóbrias
marrom ou bronze

delineador
ao sair da cama
até voltar a ela

na calçada
um garoto
arrancou sua gargantilha

BUENOS AIRES

na elegância
das dançarinas de tango
que não tocam os saltos dos sapatos
no chão

no cheiro
da galeria de artigos de couro

ele te ama
tentaram me consolar
mas eu não sabia se sentia
saudade dele ou
de minha mãe

SOB MEDIDA

ficar na casa
tempo suficiente para
trocar o tecido dos sofás com regularidade
encomendar vestidos sob medida
lembrar o cheiro de biscoito
das visitas à costureira

camisolas de seda
saia executiva

biquínis de mesma estampa para mães e filhas
molde alto de calcinha ou
uma tatuagem de henna
para esconder a cicatriz no
ventre

no melhor sonho eu te abraço e
sinto sua pele macia

ENSAIO

    mamãe me ensinou a dormir no dia em que vovó morreu. só ficar quietinha, respirando imóvel

DECOMPOSIÇÃO

das duas matérias
os lençóis foram limpos
entre o sangue seco e a merda
não sabia o que desta vez
saía da boca de minha mãe

FICHAMENTO

lápis dobrável
verde bambu da sorte
corpo menos rígido
para aguentar a queda e
o sistema de fichas catalográficas
escritas à mão

Hobsbawm e Veja
Paulo Coelho e Adélia Prado
Sem Censura e Jornal Nacional

eu gostava das missas de domingo
para ouvi-la cantar os cânticos
como acompanhava Fagner
atenta aos olhos furados
do Assum Preto

RESSACA

a culpa
do samba na véspera
aniquilou amenidades
no velório

O ÚLTIMO MOVIMENTO

o corpo fugiu
rumo à canga estendida na areia
buscou o bronzeado
tão alheio a mim

(eu reclamava ao sair do mar
seu colo livrava meus pés da areia)

acordei e você não estava

eu ri, feliz
da vingança do corpo

você foi tomar sol na praia

SALVAÇÃO

o que (não) se comia nas manhãs frias de Realeza
o que se cantava nos palcos de Barra do Garças
o que se dizia no confessionário e sacristia
o que empurrava as lágrimas para
a beira da pia da cozinha

língua de traça em livros de História
o monstro do esquecimento
não vai consumir
o que não tem registro
nem os dias de vida que invento para você

CASA

verde:
grama
folha
grade
papa-entulho
e um olho da jovem

laranja:
tijolinhos
flores da cerca viva
e o monótono
calor
calor
calor

cinza:
concreto aparente
calçada
ardósia
e o cortejo da memória em sacos de lixo

SEU CORPO

deitados na cama da mãe
olhamos o teto a decidir
nada, que da casa
já foi concluída a venda

o fracasso
na boca do pai
inédito

cético
quanto ao diagnóstico
não me deixou herdar os genes de
um câncer

MEU CORPO

os objetos vieram em caixas
zero vírgula uma tonelada de tralha

o álbum em que a mãe sorri em nenhuma foto
outro em que a jovem faz
topless na praia

a olivetti e o gradiente
seguiram direto para a assistência técnica

cento e dois vinis ecléticos:
o disco de natal do baby
o microfone de palhacinho da
xuxa

coisas de cozinha
papeis
coisas

a herança
contorce um dos hemisférios do ventre
por mês

os objetos
não encontram altar
entulham

o vazio que é:

                     ela   não está mais na casa

pés de manga
acerola
caju, apenas
a piscina e o granito da escada

o presente
de nascença
pulsante
resta único a conter imagem e textura de
tudo
trazido nas caixas

(o som do violão das manhãs de domingo)

único capaz de gerar
palavra
em pé
sobre os ombros
de minhas ancestrais

CONSOLAÇÃO

engasgado um talo
que alcancei com ânsia
saiu babado
uma folha em forma de coração
amarelo rajado

mais talo
e folha nova
rabo longo de uma jiboia
das que cresciam no quintal de casa

eu bem dentro
do meu apartamento
não resistiria a um apagão
enquanto Krenak se ressentia por mim
busquei no engasgo
a terra preta que pisei pequena
milhares de quilômetros daqui

devia ser imenso o rasgo
temporal do talo
pra que subisse o esôfago até
morrer sem ar
na metrópole

AUSÊNCIA

a falta de matéria atordoa
tento conjurar lembrança
aproximo uma concha do ouvido
tudo que ouço é mar

enquanto fervia água
quis segurar o vazio

criar
cuidar
amar um filho

condensar
saudade e falta
num corpinho macio
indefeso

existir, apenas
não bastava

SATURNO

volto aos dezenove
quando ainda havia
tempo

a casa
não seria
sua

sinto
o ramo brotar
na pele

não arrumo caixas
enquanto você não chega
para cortar o cordão umbilical

volto aos trinta
quando a poesia
encabeçava a lista de nomes
que continha o meu

arranco o broto
dos meus braços
começo um ninho

rosas me acolhem

toco a cicatriz
do meu quíron em câncer
entre as cicatrizes
que sempre tive
por nunca ter medo de mergulhar

mamãe dizia
para não ser folha ao vento
mas não se ir
sem vento

PESCA (VOLTA)

o mar nunca me foi dado
sempre foi preciso percorrer dois mil quilômetros
para avistá-lo

por isso não se compra
casa ampla
à beira-mar

é preciso conquistar
subterfúgios para habitá-la
suor que suprima a distância

-

eles me encontraram
senti deslizarem pela canela
vi pela água
os filhos-amantes

não foi preciso pegar com as mãos
bastava vê-los sob a superfície

> *me embalo no colo da água*
> *quando boio*
> *sou filha e mãe*

***

SAMAÚMA

mãe amanhã amiga
vem trazer uma xícara de café
sinto saudade

amo e sinto saudade

é verde e terroso e bonito
é verde e flora depois da mata solitária
um pedaço de pau
a iluminar caminho

ô, mãe
vem e traz de volta a xícara de café
o mato
a casa

ô, mãe
vem
depois me diz
se sua saudade anseia e parte

vai embora, mãe
me consome não te esquecer
não te esquecer não vou
te esquecer
mãe não pai

estrela minha disse parte
pega o barco das seis
ouve essa música bonita
amiga
senta no meu colo beija minha boca
mãe, me abraça
que eu já me esfreguei em tantos
atrás da sua ausência

mãe
à parte deixar comigo a falta
sem mágoa, arde
deixar você
não me levar junto embora

mãe sou sua filha
oi mãe
oi deus
oi eu você
eu no centro de mim mesma
vai embora mãe
vai embora mãe
parte

vai pescar um peixe pra te levar embora
mãe, fica
aqui um pouco
mais comigo

sai desse lugar ruim

vem ao meu lado
mãe que foi embora

***

Prólogo
Incêndio, 11

Pesca, 13
Órfã, 14
Balé (escoliose), 15
Gol 1995, 16
Despreparo, 17
Vestígio, 18
Descoberta, 19
Delírio, 20
Conspiração, 21
Na Riachuelo da Getúlio, 22
Buenos Aires, 23
Sob medida, 24
Ensaio, 25
Decomposição, 26
Fichamento, 27
Ressaca, 28
O último movimento, 29
Salvação, 30
Casa, 31
Seu corpo, 32
Meu corpo, 33
Consolação, 34
Ausência, 35
Saturno, 37
Pesca (volta), 39

Epílogo
Samaúma, 41

© 2023 Priscila Kerche
Todos os direitos desta edição reservados à Laranja Original

www.laranjaoriginal.com.br

Edição
Germana Zanettini
Projeto gráfico
Iris Gonçalves
Ilustração da capa
Cecília Junqueira
Foto da autora
Israel Campos
Produção executiva
Bruna Lima

Laranja Original Editora e Produtora Eireli
Rua Capote Valente, 1198
05409-003 São Paulo - SP
Tel: (11) 3062-3040
contato@laranjaoriginal.com.br

Dados Internacionais de Catalogação na Publicação (CIP)
(Câmara Brasileira do Livro, SP, Brasil)

Kerche, Priscila
   Tuia / Priscila Kerche. -- 1. ed. -- São Paulo, SP : Editora Laranja Original, 2023.

ISBN 978-65-86042-80-1

1. Poesia brasileira I. Título.

23-170993   CDD-B869.1

Índices para catálogo sistemático:
1. Poesia : Literatura brasileira B869.1
Tábata Alves da Silva - Bibliotecária - CRB-8/9253

A escrita deste livro passa por Cuiabá (MT), João Pessoa (PB), Itacaré (BA), São Paulo (SP) e Alter do Chão (PA).

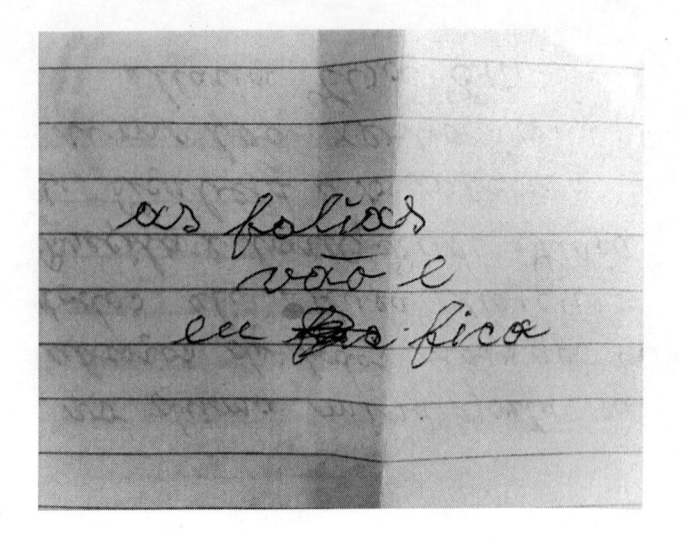

Fonte: Crimson
Papel: Pólen Bold 90 g/m²
Impressão: Psi7 / Book7